# Seemann

---

Friedhelm Benzin

Friedhelm Benzin

# Seemann

## Reiseberichte
## 1959 - 1962

Lulu Press, Inc.
Raleigh 2014

Friedhelm Benzin

13. April 1944 – 25. Februar 2014

Roetgen Eschwege

Aus dem Nachlass von seiner Familie herausgegeben

Vom Autor 1967 in das Typoskript eingeklebtes Bild

*Friedhelm Benzin – Seemann: Reiseberichte 1959 - 1962*

ISBN 978-1-291-78418-3

1. Auflage 2014

Lulu Press, Inc.
3101 Hillsborough Street, Raleigh, North Carolina 27607, USA

# Inhalt

# 1. Kapitel

## Wie werde ich Seemann?

---

Den Seemannsberuf lernt man von der Pike auf. Das gilt für jeden. Keinem bleibt dieser Weg erspart. Dem Tüchtigen aber winken die höchsten Stellen an Bord. Dabei besteht in der Seeschifffahrt – im Gegensatz zu den meisten Landberufen – für junge Menschen durchaus die Möglichkeit, sich den Unterhalt und die Kosten für ihre weitere Laufbahn und Ausbildung, wie zum Beispiel den Besuch einer Seefahrtsschule, im Laufe ihrer Ausbildungszeit voll und ganz selbst ersparen zu können.

An Bord sind die Besatzungsmitglieder durchweg in Zweimannkammern untergebracht, die in ihrer Ausstattung ein wirkliches Zuhause bieten. Für das leibliche Wohl sorgt der Koch in einem Maße, das vielen Landratten das Wasser im Munde zusammenlaufen lässt. In einer Speisenrolle, die gesetzlich vorgeschriebene Mindestrationen enthält, sind Mengen festgesetzt, die nur ein gesunder Seemannsmagen verdauen kann. Das ist auch gut so, denn die frische Luft vermehrt den Appetit, zumal es jungen Menschen bekanntlich doppelt so gut schmeckt. Die Verpflegung und die Unterkunft an Bord sind frei. Das alles sind natürlich verlockende Dinge.

Aber wer zur See fahren möchte, muss sich zuerst einmal darüber klar werden, welchen Weg er einschlagen will. Es gibt auf einem Schiff ja nicht nur Matrosen und nautische Offiziere (Deckslaufbahn), sondern auch die Maschinen-, Funker-, Bedienungs- und Kochlaufbahn. Wer aber nur aus lauter Abenteuerlust auf ein Schiff will, soll lieber gleich zu Hause bleiben; er würde nur Enttäuschungen erleben. Wer aber eine echte Neigung für die Seefahrt in sich spürt und auch bereit ist, die Härte des Seemannsberufes auf sich zu nehmen, dem stehen in der Seefahrt alle Wege offen.

Seit dem 1. April 1958 sind für die Einstellung und Ausbildung seemännischen Nachwuchses neue Bestimmungen in Kraft getreten. Danach müssen alle Anwärter für die Deckslaufbahn (Matrosen, Bootsmann, nautische Offiziere) vor ihrer ersten Anmusterung an Bord eine dreimonatige Vorausbildung erfolgreich absolviert haben, und zwar auf den Seemannsschulen. Solche Seemannsschulen gibt es in Hamburg-Blankenese, Hamburg-Finkenwerder, Bremervörde, Bremen, Lübeck und Elsfleth. Das Einstellungsalter soll zwischen 15 und 18 Jahren liegen. Es werden aber nur solche Bewerber angenommen, die eine abgeschlossene Volksschulbildung nachweisen können, die seediensttauglich und nicht vorbestraft sind. Außerdem müssen sie eine Gesundheitskarte der See-Berufsgenossenschaft (SBG) besitzen.

Die Seemannsschule Bremervörde, Morgenrapport am Flaggenmast, 1958

Quelle: von Buonasera [CC-BY-SA-3.0 (http://creativecommons.org/licenses/by-sa/3.0)], via Wikimedia Commons

## 2. Kapitel

## Die Schiffsjungenschule Bremervörde

Draußen war bestes Wetter. Ich aber lag im Bett und hatte Fieber. Vor ein paar Tagen hatte ich mir ganz überraschend eine Grippe zugelegt und das ausgerechnet jetzt, wo ich in zwei Tagen in die Seemannsschule Bremervörde eintreten sollte! Alle Papiere waren fertig, nichts lag mehr im Wege. Ich schaute auf das Thermometer: 39 Grad! Ich glaube, ich schaffe es nicht mehr, bis übermorgen gesund zu werden. Auf meinem Nachttisch liegt das Buch *Seemann.* Ich schlage es auf und studiere wieder Morsezeichen und Schiffstypen. Schon wochenlang bereitete ich mich auf die Seemannsschule vor. – Bald darauf kam der Arzt und meinte, ich müsste wenigstens drei Tage fieberfrei sein, ehe ich wieder aufstehen dürfe.

1. September 1959: mein Vater hatte gestern noch mit der Seemannsschule telefoniert und meine Lage geschildert. Der Kapitän der Schule hatte Verständnis und gab mir noch drei Tage Zeit, um gesund zu werden. Wenn ich bis dahin nicht in der Schule sei, müsste ich einen späteren Lehrgang belegen. Drei Tage sind eine lange Zeit, aber zum Auskurieren meiner Grippe zu wenig.

Meine Koffer standen gepackt. Die Temperatur war etwas zurückgegangen. Von der Krankheit und dem Liegen mitgenommen, stand ich am 3. September ziemlich wackelig auf den Beinen. Ich wollte heute fahren, um 7:50 Uhr ging der Zug. Das Wetter war wieder herrlich, die Sonne schien mit ganzer Kraft. Ich war ziemlich aufgeregt, so dass ich nicht einmal frühstücken konnte. Mutter und Vater brachten mich zur Bahn. Es war ein Abschied, als wenn ich für Jahre fortgehen würde. Ein letztes Winken, und schon war mein Heimatbahnhof außer Sicht. Aufatmend legte ich mich zurück. Na, erst mal war ich im Zug, der Rest würde ja hoffentlich auch noch klappen. In Bremen musste ich umsteigen. Durch die Temperatur, die ich noch hatte und durch das warme Wetter, klebte meine Hose auf der Sitzbank.

Es war gegen 15 Uhr, als ich in Bremervörde ankam. Ich setzte mich in ein Taxi und war fünf Minuten später bei der Seemannsschule. Ein Seemannsschüler, der gerade Wache hatte, machte mir das Tor auf und ließ mich eintreten. Vor dem Portal der Schule bemerkte ich den großen Stockanker. Ich wurde in das Wachhaus gebracht, wo gerade der 3. Offizier Wache hatte. „Na, kleine Verspätung!“, meinte er. Er ließ sich meine Papiere geben und machte Eintragungen in sein Wachbuch. Ich wurde angewiesen, den Gang herunterzugehen, um mich in der Messe beim 1. Offizier zu melden. Ich nahm meine Koffer und verabschiedete mich. Hohl klangen meine Schritte auf dem langen, mit Steinplatten ausgelegten Gang. Auf der rechten Seite konnte man durch die Fenster auf einen gepflegten Vorgarten sehen, auf der linken Seite hingen Schaukästen mit etlichen Schiffsmodellen. Je näher ich der Messe kam, umso aufgeregter wurde ich. Schon hörte ich Stimmen und das Klappern von Geschirr. Vor der Schwingtür holte ich erst einmal tief Luft, bevor ich eintrat. Es sah aus wie in einer Schulklasse. Auf einem Podest saßen die Offiziere und der Bootsmann, darunter an den Tischen die Seemannsschüler; alle waren beim Essen. Ich stellte meine Koffer ab und meldete mich beim 1. Offizier, den ich an seinen drei Ärmelstreifen erkannte. „Na, du Spätling, hast wohl die Zeit verpennt?“, waren die Begrüßungsworte. Draußen glaste es sieben Mal, es war also 15:30 Uhr. Die Glaseinteilung hatte ich aus meinem Seemannsbuch erlernt. Ein Posten kam herein, nahm vor dem Offizier Haltung an und ratterte seinen Törn herunter: „Posten Hafen meldet sich zurück, Wache übergeben, keine besonderen Vorkommnisse“. „Gut so, wegtreten“. Die Seemannsschüler, die gegessen hatten, traten im Gang zu Dreierreihen an und gingen, an der Spitze der Bootsmann, zum Übungsplatz. Ich wurde erst mal zum Vertrauensarzt geschickt, denn es musste ja noch festgestellt werden, ob ich seediensttauglich bin. Der Arzt stellte fest, dass ich tauglich war, schickte mich jedoch zunächst ins Krankenrevier. „Den ersten Teil hast du nun überstanden“, dachte ich, als ich in einem der sechs Betten des Krankenreviers lag. Noch am gleichen Nachmittag bekam ich Gesellschaft. Ein anderer Seemannsschüler, der auch Fieber hatte, wurde bei mir einquartiert. Außer den Schülern, die uns das Essen brachten und außer dem Arzt, der täglich Visite machte, sahen wir kaum jemanden. Nur ab und zu hörten wir das Brüllen des Bootsmannes und das Klappern von Stiefeln. Nach drei Tagen stellte der Arzt fest, dass ich fieberfrei war. Am darauffolgenden Morgen, es war Sonntag, kam der Kapitän und teilte mir mit, dass ich nachmittags aufstehen könnte. Ich sollte dann mein Bettzeug abziehen und in die Bettenkammer bringen. Dort rasselte ich zum ersten Mal mit dem Bootsmann zusammen, dem es nicht recht war, wie ich die Tücher zusammengelegt hatte. Es dauerte eine halbe Stunde, bis ich es zu seiner Zufriedenheit gemacht hatte. Als ich es ihm dann – fein im Kniff gelegt – übergab, stopfte er alles in einen Wäschewagen.

Ich wurde zur Steuerbordwache eingeteilt. Man zeigte mir meinen Spind, der im Schulungsraum der Wache stand. Ich bekam vom Bootsmann einen Zettel mit der Spindreihenfolge. Alles hatte genau seinen Platz. Was nicht auf dem Zettel stand, wurde im Koffer auf dem Boden gelagert. Jedes Teil musste richtig liegen. Meine Zivilsachen musste ich dann mit einer Uniform tauschen. Nach zweieinhalb Stunden meldete ich dem Bootsmann „Spind in Ordnung“. Sein Kommentar: „Saustall!“. Und dann warf er alles wieder raus. Noch zweimal räumte ich alles ein, bis es den Vorschriften und der Meinung des Bootsmannes genau entsprach.

Von den Seemannsschülern, die Freiwache hatten, wurde ich über die wichtigsten Regeln informiert. In den ersten vier Wochen war Ausgangssperre, danach war nur sonntagnachmittags und abends bis 22 Uhr frei. Man durfte pro Woche nur über drei Deutsche Mark Bargeld verfügen. Rauchen war nur für über Sechzehnjährige nach dem Essen gestattet.

Sonnabends war allgemeines Saubermachen. Auf der Wachtafel stand genau, was jede Wache zu reinigen hatte. Jeden Morgen Appell, Flaggenparade – in Dreierreihen angetreten, Kapitän und Offiziere vor der Front. Rapport. Alle, die aufgefallen waren, wurden zurechtgestutzt und erhielten ihre Strafen, von Ausgehverbot bis zur Entlassung aus der Schule.

Zu jeder Tageszeit waren von den einzelnen Wachen drei Posten zu besetzen. Bei kleinen Überschreitungen durfte man Strafwache schieben.

Am nächsten Morgen sollte mein erster Dienst beginnen. Um 6 Uhr Wecken, Waschen, Frühsport, Kaffeetrinken, Backschaft, Saubermachen. Danach Unterricht, Mittagspause, wieder Unterricht oder Werkdienst, Abendbrot, dann Übungsarbeiten. Das war der Tagestörn, der nur einige Male durch die Übertragung eines Fußballspieles im Fernsehen unterbrochen wurde. Ich musste mich mächtig anstrengen, denn die anderen waren schon eine Woche am Büffeln. Schon morgens, wenn das erste Tageslicht erschien, sah ich in die Lehrbücher. Doch ich schaffte es; nach drei Wochen kam ich gut mit. Der Unterricht am Bootshafen machte am meisten Spaß, im Gegensatz zu dem sturen Auswendiglernen der Kompassrose, was nicht leicht war. Abends wurde unter der Leitung des 3. Offiziers manchmal gesungen. Eine Gruppe fuhr sogar zu Wettkämpfen gegen die Marine und Bundeswehr nach Zeven. Die alten Seemannslieder wie der *Hamburger Viermaster* oder *Rolling Home* saßen wie eine Eins.

Mittlerweile waren wir vier Wochen in der Schule, und der erste Landgang stand bevor. Beim morgendlichen Rapport fiel jedoch für manchen der Landgang ins Wasser. Entweder sie hatten zur verbotenen Zeit geraucht oder sich während der Wache am Hafen mit einheimischen Mädchen verabredet. Ich hatte zuerst

Glück. Nur beim unverhofften Appell kurz vor dem Ausgang am Sonntagnachmittag wurde bei mir festgestellt, dass ich kein Taschentuch in der Tasche hatte. Schon durfte ich die Zeit mit Lernen verbringen, die anderen aber flitzten, sobald sie das Tor hinter sich hatten, in die Seemannsschüler-Stammkneipe. Dort gab es für 50 Deutsche Pfennig ein kleines Bier und einen Korn. Wer ins Kino wollte, bekam einen Sonderpreis. Die ersten Freundschaften mit der weiblichen Jugend in Bremervörde bahnten sich an. Doch für ca. 15 Mann gab es beim nächsten Landgang keinen Urlaub; sie hatten tüchtig über den Zapfen geschlagen.

Der Rapport am Montag war immer am interessantesten. Einige hatten sich nach dem Abendappell wieder an der Dachrinne heruntergelassen und waren an Land gegangen, andere kamen leicht angesäuselt wieder in die Schule. Etliche waren einfach nach Hause gefahren und kamen erst Montagmorgen quietschvergnügt wieder an Land. Ja, der Montagappell war schön, geradezu ein Gedicht! Der Leitgedanke bei den Strafen war immer, unter keinen Umständen die Ehre der Schule aufs Spiel zu setzen. Heute wurde beim Appell bekanntgegeben, dass ab morgen die Winteruniformen getragen werden mussten. Außerdem war eine Tagestour mit den Segelkuttern angeordnet.

Große Töpfe mit Kartoffelsalat und Würstchen wurden in die Boote gebracht. Jede Besatzung bestieg ihr Boot und setzte Segel. Laut hallten die Kommandos über die Oste. Den ganzen Tag blieben wir draußen.

Das Rauchen auf den Toiletten war verboten, doch sahen etliche darüber hinweg. Wenn ein Offizier kam, wurden die Kippen fortgespült. Doch der Kapitän ließ kurzerhand die Türen aushängen; so konnte der wachhabende Offizier die Lage sofort überschauen. Da wir nur drei Deutsche Mark pro Woche zur Verfügung hatten, schickten manche Eltern Geld, was verboten war. Jeder Brief, jedes Päckchen wurde genau kontrolliert. Und doch ließen sich die Eltern immer wieder etwas einfallen, um die Offiziere zu täuschen.

Nach einiger Zeit sollten nun die Prüfungen beginnen. Überall sah man jetzt ganz Eifrige, die versuchten, das nachzuholen, was sie inzwischen versäumt hatten.

Mittwochnachmittags war immer großes Wäschewaschen. In Waschkübeln, die mit je zwei Mann zu belegen waren, wurde gescheuert und gebürstet. Die ganze Waschküche war ein

Nebelfeld. An selbstgedrehten Bindfäden, „Litzen“, wurde die Wäsche auf dem Trockenplatz aufgehängt.

Bald war der Tag der Prüfung gekommen. Drei Kapitäne und zwei Offiziere drehten uns durch die Mangel. Fragen über Seemannsgesetze, Seesignale, Boots- und Ruderkommandos, Konservierungsmethoden für Holz und Metalle prasselten auf uns herab. Seemannsknoten (32 Stück) und Segelausbesserungsarbeiten wurden von uns vorgeführt. Schiffsbau und Sicherheitsbestimmungen mussten beherrscht werden und natürlich auch das Morsen. Drei Tage wurden wir geprüft. Dann stand fest, wer sein Seefahrtsbuch bekommt und damit die Bescheinigung, auf einem deutschen Überseeschiff zu fahren. Von uns 80 Jungen bekamen 63 die Bescheinigung über die bestandene Prüfung. – Ich war dabei.

Seemannsschule Hamburg
Bremervörde
mit Erfolg besucht.
Schüler Nr.: 747 Datum: 30. Nov. 1959

## 3. Kapitel

## Meine erste Fahrt – Casablanca

---

Nachdem ich die Seemannsschule in Bremervörde mit Erfolg besucht hatte, wurde ich von der Hamburgischen Heuerstelle zu meiner ersten Reise abberufen. Auf dem Heuerstall, wie der Seemann die Vermittlungsstelle für Schiffe nennt, bekam ich eine Fahrkarte nach Kiel und 5 Deutsche Mark Spesen. Dann konnte ich abschwirren. Den Arbeitsvertrag für mein erstes Schiff in den Händen, so stand ich nun an den Landungsbrücken und kam mir recht einsam vor: mit 15 Jahren allein in einer großen Stadt.

Eine Seereise, meine erste Seefahrt überhaupt, stand mir bevor. Theoretisch kannte ich ein Schiff in- und auswendig, jede Spante, jeder Stringer war uns in der Seemannsschule eingepaukt worden. Doch gesehen, richtig gesehen, hatte ich noch kein großes Schiff. Auf meinem Heuerschein stand „Große Fahrt". Große Fahrt, große Fahrt, immer wieder musste ich diese zwei Worte wiederholen. Jeder Seemann, der diesen Bericht liest, wird mir nachfühlen können, wie mir damals zu Mute war. In Kiel angelangt, kam ich endlich wieder in Schwung. Mit meinem

Seesack und einem Koffer machte ich mich auf den Weg zu der Werft, in der „mein“ Schiff liegen sollte.

Endlich an Bord angekommen, meldete ich mich beim Bootsmann. Das ist der Boss der Decks-Gang. Der Bootsmann begleitete mich zum Funkoffizier, der mit mir einen Heuervertrag abschloss, allerdings nur pro forma, da das schon auf dem Heuerstall gemacht worden war. Ja, ein Seemann ist berechtigt, auch wenn er noch keine 21 Jahre alt ist, einen Arbeitsvertrag ohne seinen Vormund abzuschließen, denn die Eltern mussten ja schon für die Seemannsschule die Genehmigung erteilen, dass ihr Sohn zur See fahren darf.

Nachdem ich ein Exemplar des Heuervertrages in der Tasche hatte, zeigte mir der Bootsmann meine Kammer, die ich allein bewohnen sollte. Ich packte meine Sachen in die Spinde, zwar nicht mit der Sorgfalt, wie ich es in der Seemannsschule gelernt hatte, aber für einen frischgebackenen Decksjungen immer noch ganz ordentlich. Meine Koje war so eng, dass ich mich kaum darin bewegen konnte. Später erst merkte ich, warum das so war. Dann ging ich an Deck, um mir das Schiff erst mal richtig anzusehen. Da das Schiff noch zwei Tage im Dock liegen sollte, war fast die gesamte Besatzung ausgeflogen. Langsam ging ich die Gangway hinunter, sie schwankte leicht. Eine Landratte ist es nicht gewohnt, auf einer Hühnerleiter spazieren zu gehen. Ich umrundete das Schiff; es war das erste, welches ich in dieser Größe sah. Vorne und achtern stand der Name des Schiffes in großen Lettern: *Augustenburg*. Es war ein Motorschiff von 3638 Bruttoregistertonnen. 80 Einfamilienhäuser würde man in ein einziges Schiff hineinbekommen. Eine unwahrscheinliche Größe. Aber dies war noch ein kleines Schiff im Verhältnis zu meinen späteren! Das M/S Augustenburg war ein Kühlschiff, das aus Casablanca (Afrika) Apfelsinen nach Deutschland brachte. Am Heck – oder Achtersteven – sah man das riesige Ruderblatt, das doppelt so groß war wie ich. Der Schiffsschraube sah man richtig an, welche Arbeit sie zu leisten vermochte. Fünf Laderäume, zwei Hauptmasten und acht Ladebäume hatte das Schiff. Das M/S Augustenburg war, wie die anderen Kühlschiffe, auf denen ich später fuhr, ganz in Weiß gehalten. Es war nicht das neueste Schiff, aber da ich noch keine Vergleiche ziehen konnte, gefiel es mir recht gut.

Nachdem ich meinen Rundgang beendet hatte, ging ich wieder in meine Kabine, um sie etwas wohnlicher zu gestalten. Ich hängte Bilder auf und bezog meine Koje. Plötzlich ging die Tür auf, und der Koch kam herein. „Tag, Moses. Na, dein erster Kahn?“, sagte er. Wir machten uns bekannt und es stellte sich heraus, dass er der Kochsmaat war. Er und der Steward wollten an Land und

ich sollte mitkommen. Das Kieler Nachtleben genießen, wie er sich ausdrückte. Es wurde ein ganz netter Kneipenbummel. Als Neuling auf diesem Gebiet war ich schon nach drei Stunden so richtig „knülle“, wie man dort oben sagt. Ich wusste später nicht mehr, wie ich an Bord gekommen war.
Am anderen Morgen wurde ich recht unsanft geweckt. Die ganze Mannschaft stand an meiner Koje und machte Witze. Nachdem man mir auch noch eine Pütz Wasser ins Gesicht geschüttet hatte, musste ich wohl oder übel raus. Für meinen Zustand recht schnell, war ich gewaschen und angezogen. In der Mannschaftsmesse klapperten die Matrosen schon mit den Bestecken. Es war 8:20 Uhr, doch um 8 Uhr mussten sie eigentlich schon gegessen haben. Aber wir lagen ja noch in der Werft und da kommt es nicht so genau darauf an.

Als Decksjunge ist man Mädchen für alles, man reinigt Gänge, Geschirr und die Kammern der Besatzung, alles in allem eine Arbeit, die einem Jungen nicht sonderlich behagt. Ich machte aus der Arbeit das Beste, bekam jedoch bei jeder Gelegenheit von der Besatzung zu hören, wie verdreckt doch alles sei.

Bald waren wir schon auf See. Mir bekam die Schaukelei gar nicht, entweder schloss ich mich auf der Toilette ein oder hing an der Verschanzung. Speck am Zwirnfaden runterschlucken oder Schwarzbrot zu essen, wurde mir geraten. Ich aber trank Cola, damit brach es sich leichter.

Wir waren im Golf von Biskaya, als ein Matrose in die Mannschaftsmesse kam, in der ich gerade Geschirr spülte. Er hatte einen Sack in der Hand, den er mir gab. Damit sollte ich mich an die Back stellen und warten, bis die Postboje an Backbord käme, um den Sack, der Post enthalten sollte, in die Boje zu werfen. Ich ging nach vorn, die Gischt schlug über die Verschanzung, ich war im Nu nass. Eine halbe Stunde wartete ich; da sah ich an Backbord tatsächlich eine Boje. Sie kam immer näher. Als sie querab war, schmiss ich den Sack – natürlich daneben! Und schon gab es wieder ein Theater, wie dumm doch ein Decksjunge ist.

Es verging keine Stunde, da rief der Kapitän in der Messe an, ich sollte in den Maschinenraum gehen und einen Kompass-Schlüssel holen. Sechs Treppen flitzte ich runter bis in den Maschinenraum. Dort gab man mir einen Sack, in dem der Kompass-Schlüssel sein sollte. Sechs Treppen an Deck, drei auf die Brücke. „Ach", meinte der Steuermann, als er den Sack anhob, „das ist der kleine, wir brauchen aber den großen." Wieder runter in den Maschinenraum. Dort bekam ich einen noch schwereren Sack, der mindestens 40 Kilogramm wog. Auf der Brücke wieder angekommen, durfte ich abtreten, um den schweren Sack nach nur einer halben Stunde wieder in den Maschinenraum zu bringen. – Ja, so geht es einem Decksjungen, der nicht weiß, dass es keine Postboje und keinen Kompass-Schlüssel gibt!

Nach vier Tagen Fahrt waren wir in Casablanca. Dort wollten wir Apfelsinen für Deutschland laden. Sobald ich wieder festen Boden unter den Füßen hatte, war auch – wie üblich – die Seekrankheit verschwunden. Ich ging mit den anderen an Land. Vor dem Hafentor standen und lagen die Marokkaner. Obwohl es sehr heiß war, waren sie über und über mit Decken und Lumpen bedeckt. Sie warteten auf Arbeit. Für umgerechnet 50 Deutsche Pfennig müssen sie den ganzen Tag arbeiten. Das reicht gerade für einen Dattelring und einen Liter Ziegenmilch. Nachts machten sie sich aus Apfelsinenkisten ein Feuer und schliefen auf ihren Gebetsteppichen, die sie einfach auf den Bürgersteig, soweit einer vorhanden war, legten, natürlich nur im reinen Marokkanerviertel.

Kurz vor Weihnachten verließ ich die *Augustenburg* und fuhr nach Hause, um Weihnachten zu feiern. 1961 ist das Schiff bei einer

Kollision gesunken. – Übrigens nimmt man es einem Decksjungen nicht übel, wenn er sein Schiff wechselt.

— 14 —

Inhaber ist angemustert als: Decksjunge

auf M.S. „Augustenburg" (Schiffsart) Schiff: (Schiffsname)

Reeder: H. Schuldt

Unterscheidungs-Signal: DINA BRT 3638

Heimathafen / Registerhafen: Hamburg

Dienstantritt am: 30.11.59

Kiel, den 2.12.59

Das Seemannsamt

SEEMANNSAMT KIEL

Raum für Ummusterungsvermerk

— 15 —

Inhaber hat auf dem auf der Vorseite bezeichneten

Schiff: M.S. „Augustenburg"

Fahrtgebiet: Große Fahrt

in der Zeit vom 2.12.1959

bis zum 16.12.1959

Dienstzeit: — Monate 14 Tage

als Decksjunge

Schiffsdienst geleistet.

Auf die Fahrtzeit sind ........ Tage für Urlaub nach der Abmusterung anzurechnen.

Hamburg, den 16.12.1959

Unterschrift des Kapitäns oder eines bevollmächtigten Schiffsoffiziers

II. Offz.

Die vorstehende Unterschrift wird beglaubigt und die erfolgte Abmusterung hiermit vermerkt.

Hamburg, den 17. Dez. 1959

Das Seemannsamt

Seemannsamt Hamburg

Auf großer Fahrt nach Casablanca

## 4. Kapitel

## Ein Charterflugzeug für den neuen Moses

Der Frühlingssturm der Ferienzeit hat die Heuerbüros überall an der Küste leergefegt. Auch wenn der Inspektor einer Großreederei tobt und ein Charterflugzeug für einen Moses stellen will, ist keiner aufzutreiben, denn die Fahrensleute sind seit Anfang Mai im Urlaub, und die Leiter der Heuerbüros wissen manchmal nicht, in welchen Ecken unserer Wasserkante sie den Seemann auftreiben sollen, den der Schiffsherr braucht. Heute stehen in den gepflegten Warteräumen der Schifffahrt, in den Heuerbüros, etwa ein Dutzend Männer, alle gut angezogen, zu einem Gespräch über Lenz und Liebe herum. Von Schifffahrt ist kaum die Rede, denn ein Schiff könnten sie jede Minute haben. Die Tafeln, auf denen früher stand, wie viel Männer in der Warteliste der Schifffahrt eingetragen waren, sind leer. Woher der Mangel an Seeleuten kommt? Für die Sonn- und Feiertage auf See bekommt der Seemann Urlaub. Mancher hat bis zu 70 Tage zu beanspruchen. Weil die Wirtschaft auf hohen Touren lief und jeder versuchte, dem anderen die Arbeitskraft mit dem Lasso wegzufangen, hat sich mancher Fahrensmann dazu verführen lassen, an Land zu bleiben. Die Stewards arbeiten in

Saisonbetrieben, die Leichtmatrosen sind bei Muttern. Der Moses, der Lehrling der Seefahrt, er ist so gut wie nicht vorhanden. Er ist auch nicht mit den stärksten Vergrößerungsgläsern zu finden. Wieso? Der Jahrgang, aus dem Salzwasserlehrlinge kommen sollten, ist geburtenschwach. Es fehlen rund 300.000 Jungen, die nicht zur Welt gekommen sind. Die Lage ist teilweise so schlimm, dass eine der sechs Schiffsjungen-Schulen an der deutschen Küste zwei Lehrgänge aussetzen musste, weil sie nicht genügend besetzt werden konnten. Die etwa 80 bis 100 Jungen, die in Hamburg und Finkenwerder ausgebildet und monatlich für die Schifffahrt vermittelt werden, sind im Handumdrehen vom Bedarf aufgesogen. Die deutschen Reeder haben viele Sorgenfalten auf der Stirn. Die Kosten für die Beschaffung der Fahrensleute mehren sich täglich. Um einen Mann aufzutreiben, telefonieren sie in die entferntesten Winkel Deutschlands. Welcher Reeder kann es sich leisten, ein großes Schiff, das vielleicht 15.000 – 20.000 Deutsche Mark am Tag kostet, warten zu lassen. Dann nehmen sie lieber die Kosten einer Flugreise auf sich.

Früher hatte der Moses nichts zu lachen. Vor drei oder vier Jahrzehnten war der Schifffahrts-Lehrling nicht viel mehr als ein Kakerlake. Jedem war er im Weg, jeder verscheuchte ihn oder ließ seine schlechte Laune an ihm aus. Er war der blöde Seehund, aus dem so rein gar nichts werden würde. So sagte es der Matrose, das erklärten der Koch, der Bootsmann, der Steuermann und der Kapitän. Aber der Junge von früher steht schon lange auf der Kommandobrücke und führt ein Schiff als Kapitän. Er hat ein anderes Bild des Schiffsjungen, aber nicht nur, weil er knapp ist. Der Moses ist heute ein Halbfabrikat der Schifffahrt. Er ist mit feiner Hand ausgesucht worden und kommt von vorzüglich geleiteten Schulen, an denen er drei Monate vorgebildet worden ist. Er versteht allerhand von Tauwerk. Der Inspektor der Reederei Laeisz sagte einmal als Beobachter der jungen Leute in Bremervörde, dass die Jungen nach drei Monaten besser spleißen können als mancher *oldbacksche Jantje*. Der Moses von heute hat, so locken die Reeder in ihrer Werbeschrift, den Marschallstab im Tornister. Er kann, wenn er ein fixer Kerl ist, auch als Volksschüler Kapitän werden (Heute, 1967, nur noch mit „Mittlerer Reife“). Als Besitzer der Mittleren Reife und als Abiturient wird er in diesem Beruf nicht bevorzugt, aber vieles fällt ihm leichter. Er ist, das zeigen die Schulen immer wieder, durchweg ein gutgewachsener, nett aussehender junger Mann, der einen Schatten wirft, weil er weiß, dass er etwas gelernt hat und dass er gebraucht wird. Natürlich schüttelt mancher Oldtimer von Kapitän den Kopf, wenn der moderne Moses mit gutem Gepäck an Bord kommt, mit einem über den Schultern pendelnden Fotoapparat. Vielleicht steigt der junge Mann aus dem Flugzeug und braust mit einer Taxe zu seinem im Hafen liegenden Schiff.

Hamburg im Winter 1961

Quelle: von frank müller (Flickr: Phot.Old.Pic.Hamburg.Harbour.01.036116.002) [CC-BY-SA-2.0 (http://creativecommons.org/licenses/by-sa/2.0)], via Wikimedia Commons

## 5. Kapitel
## Fahrt nach Venezuela

---

Am 18. Januar 1960 bekam ich auf dem Heuerstall in Hamburg meine Papiere und eine Fahrkarte nach Rotterdam, denn da sollte mein neues Schiff liegen, ein Erzfrachter von gewaltiger Größe. Da der Zug erst um 3 Uhr morgens abfahren sollte, hatte ich noch gut 12 Stunden in Hamburg Aufenthalt. Mit einem Decksjungen, der auch für das Schiff bestimmt war, vertrieb ich mir die Zeit. Er hatte gerade die Moses-Fabrik Priwall absolviert und freute sich schon auf sein erstes Schiff. Ihm schien es genauso zu gehen wie mir bei meinem ersten Dampfer. Er hatte noch seine Seemannsschul-Uniform an und sah damit aus wie der Kapitän persönlich: dunkelblaue Tuchhose mit passender Jacke und Doppelknopfreihe, dazu ein Schiffchen auf dem Kopf. Seine Eltern hatten ihn nach Hamburg gebracht und waren recht besorgt um ihn. Da ich ja schon die Nase in den Wind gesteckt hatte, sollte ich gut auf ihn aufpassen. Ich fühlte mich richtig stark ihm gegenüber, dabei war ich selbst erst bei der zweiten Reise.

Endlich war es 3 Uhr, wir fuhren ab. Gegen 11 Uhr waren wir in Rotterdam. Mit einem Taxi fuhren wir nach Schiedam, dem

Rotterdamer Erzhafen, wo unser Schiff lag, ein toller Kasten mit 63 Mann Besatzung. Der Heimathafen war Monrovia. Aus steuerlichen Gründen fuhr das Schiff bei rein deutscher Besatzung dennoch unter liberianischer Flagge.

Venezuela ist das fast eine Million Quadratkilometer große Land an der Nordspitze von Südamerika mit der Hauptstadt Caracas, das Öl, Kaffee, Kakao und auch Gold ausführt und Maschinen, Metalle, Minerale, chemische Produkte, Textilien usw. benötigt und einführt.

Am 19. Januar verließen wir fahrplanmäßig den Rotterdamer Erzhafen. Unser Schiff war das größte Frachtschiff, das nach dem Kriege auf deutschem Boden gebaut worden war. In dem gewaltigen Rumpf können 29.000 Tonnen Fracht untergebracht werden. Die Gesamtlänge Beträgt 268 Meter, breit ist das Schiff 26 Meter. Der Name *Fiona*, seit acht Monaten in Fahrt. Sechs Schlepper ziehen uns bereits 40 Minuten die Maas flussabwärts. Am Horizont ist schon die offene See zu sehen. Nach weiteren 10 Minuten kommt ein kleines Motorboot, um den Lotsen abzuholen. Nun kann das Schiff mit voller Kraft in See gehen.
Mit 17 Meilen Geschwindigkeit durchqueren wir den Englischen Kanal. Deutlich erkennt man die Kreidefelsen von Dover. Nach

weiteren 17 Stunden kommen wir aus dem Kanal heraus und fahren auf dem Atlantik. Schlechtwettermeldungen werden durchgesagt; in rasender Geschwindigkeit wird von der gut trainierten Mannschaft alles seeklar gemacht. Von Stunde zu Stunde wird der Wind stärker, um Mitternacht haben wir Windstärke 11. Die Mannschaft bekommt wenig Schlaf. Vier Tage hält das Wetter so an. Nach neun Tagen sind an Backbord die Azoren-Inseln in Sicht. Wir legen an, um einen Matrosen, der sich bei dem Unwetter ein Bein gebrochen hat, einem Krankenhaus zu übergeben.

Nach dreizehntägiger Fahrzeit kommen wir auf den Rio Orinoco, den großen Strom Venezuelas. Nun haben wir noch genau 87 Meilen zu fahren. Rechts und links zieht sich am Ufer der riesige Dschungel entlang, wo man hin und wieder kleine Strohhütten erkennt. Große Palmen- und Kakteenflächen erstrecken sich weit ins Landesinnere. Die Eingeborenen auf dem Wasser flüchten vor unserem Schiff, denn es besteht die Gefahr, dass ihre kleinen Boote von unserer Flutwelle umgeworfen werden. Die für einen Europäer fast unerträgliche Hitze von über 60° Celsius überraschte uns 30 Meilen vor unserem Ladehafen. Ein Matrose, der noch nicht in den Tropen gefahren war, bekam einen Tropenkoller und sprang über Bord.

Als nach dreistündiger Fahrzeit sein Fehlen bemerkt wurde, war keine Rettung mehr möglich.
Am nächsten Morgen erreichten wir unseren Ladehafen Puerto Ordaz. Nachdem wir unsere Arbeit getan hatten, schossen wir an Land. Die Town liegt einige Meilen vom Hafen entfernt; darum versuchten wir, per Anhalter zu fahren. Nach wenigen Minuten hielt ein Auto an und brachte uns in die Stadt. Das angehaltene Auto entpuppte sich plötzlich als Taxi. Da wir aber kein Geld hatten (Bolivar), gaben wir dem Fahrer einige Schachteln Zigaretten, die hier sehr beliebt sind. Die Einheimischen drehen sich ihre Hugos selbst.
Die „Stadt" hatte 500 Einwohner, wovon 60% Kinder waren. Wir trafen einen deutschen Goldsucher, der hier schon sechs Jahre lebte. Auf die Frage, ob er nicht wieder nach Deutschland wollte, meinte er, ihm gefalle es unter dem Mischvolk besser. Mir selbst gefiel es hier gar nicht. Da wir aber nur acht Stunden Aufenthalt hatten, denn nur so lange dauerte es, bis unser Riesenschiff beladen war, musste ich sowieso wieder zurück an Bord.

Nach einer ruhigen Überfahrt landeten wir nach 15 Tagen wieder in Rotterdam. Da das Schiff dort in eine Werft musste und ein Aufenthalt von einem Monat vorgesehen war, kündigte ich und musterte auf dem Kombifrachter M/S Priamos an. Das M/S Priamos der Reederei F. Laeisz hatte, ebenso wie die *Augustenburg*, rund 4.000 Tonnen. Wir fuhren mit deutschen Autos nach Charleston; dort haben wir sie über Pfingsten bei brennender Sonne entladen. Dann fuhren wir nach Tampico in Mexiko, Santa Anna de Tamaulipas, wie diese Stadt eigentlich heißt. Dort hatten wir Stückgut zu löschen.

Laeiszhof der Reederei Ferdinand Laeisz in Hamburg

Quelle: von Staro1 [GFDL (http://www.gnu.org/copyleft/fdl.html) oder CC-BY-SA-3.0 (http://creativecommons.org/licenses/by-sa/3.0/)], via Wikimedia Commons

## 6. Kapitel
## Mexiko

Mexiko, wo jedem Fremden heißes Blei um die Nase fliegen soll, habe ich mir etwas näher angesehen. Ich war unter anderem eine Woche in Tampico. Diese Stadt hat 300.000 Einwohner, modernste Autos, teuerste Nachtlokale und die schönsten Wohnblocks. Daneben Mauleselkarren, billige Kneipen, halb zerfallene Strohhütten. Menschen aller Hautfarben sind hier zu finden, die sich ihren Lebensunterhalt in den Gold-, Silber-, Kupfer- und Zinkbergwerken verdienen.
Wenn die Hitze des Tages weicht, begeben sich die höheren Schichten von Tampico zur Plaza, das ist ein Platz wie bei uns der Marktplatz, nur dass er mitten in einem Palmenhain liegt und von Bänken umgeben ist. In der Mitte befindet sich unter freiem Himmel eine Milchbar. Dort sitzen die Studenten mit ihren Mädchen bei einem kühlen Glas Schoko-Milch. Auf den zahlreichen Bänken sitzen die älteren Leute und unterhalten sich über ihre heiratsfähigen Kinder. In diesem Land ist es übrigens Sitte, dass ein Mädchen nicht ohne seine Mutter ausgehen darf.

Tampico hat einen wunderschönen Badestrand, an dem sich die Touristen aus ganz Mexiko – und auch viele aus den USA – tummeln. Zu allen Jahreszeiten herrscht dort eine Mindesttemperatur von über 30° Celsius im Schatten. Für wenige mexikanische Pesos kann man sich dort ein Pferd leihen und durch den weichen Sand am Golf von Mexiko entlangreiten. Ein Minendirektor lud mich dort ein, seine kleine Rinderfarm zu besuchen. Man sah da aber keine verwegen galoppierenden Reiter und keine lassoschwingenden Gauchos, sondern nur einige Geländewagen und fünf Rancharbeiter, die nicht in farbenprächtigen Gewändern, sondern in einfachem Arbeitszeug ihren Dienst versahen. Die mexikanischen Farmen – Haziendas genannt – sind heute auf das Modernste ausgestattet. Alle zwei Monate treffen sich die Besitzer zu einem Schnack. Sonst ist das sonntägliche Treffen in der kleinen Kirche eines Dorfes der Höhepunkt der umliegenden Farmerfamilien.

Außer in Tampico waren wir noch in drei anderen mexikanischen Hafenstädten. Überall sahen wir ein modernes Bild. Die Zeit der mexikanischen Revolverhelden ist lange vorbei. Nur noch beim Rodeo sieht man den *Mex*, wie er vor 50 Jahren war. –

Von Tampico fuhren wir Richtung Norden.

## 7. Kapitel

## Durch den Panamakanal

---

Abends, wenn die Sonne langsam ins Meer tauchte, saßen wir achtern um den Königspoller in der jetzt frischen tropischen Luft und sprachen von Guayaquil, wo wir Bananen laden sollten. Eines Nachmittags, ich war gerade dabei, das achtere Holzdeck mit Leinöl einzureiben, wurde zweimal mit der großen Schiffshupe getutet. Als ich verwundert einen Matrosen anschaute, zeigte er nach Steuerbord. Da sah ich zum ersten Mal das riesige Gebirgsmassiv der Sierra Nevada. Die Luft flimmerte. Die Gebirgskette war von unten von grauen Wolken umrahmt, aus denen schneebedeckte Gipfel und Gletscher herausragten. Es war ein überwältigender Anblick. Doch weiter ging es, und so landeten wir nach dreitägiger Fahrt in der großen Bucht zur Einfahrt in den Panamakanal.

Drei Stunden mussten wir warten, die wir zum Baden ausnutzten. Dann wurden auch wir geschleust. Langsam fuhren wir in die Schleuse. Dann gaben wir Drähte an Land, die an beiden Seiten an kleinen Loks befestigt wurden. Die zogen uns dann ganz sachte durch die Schleuse. Wenn wir unsere eigenen Maschinen benutzt hätten, wären die Kanalwände zerstört worden. Vorher kam der Lotse an Bord und auch die Kanalgang, ein wilder Haufen Männer, die das Los- und Festmachen im Kanal zu besorgen hatten. Von diesen Leuten konnte man für ein paar Zigaretten Tücher, Bilder und Souvenirs aller Art bekommen. Nachts schliefen sie auf den Luken und kochten ihr Essen auf Petroleumfunzeln; im Übrigen aber lebten sie einen ruhigen Tag. Solch eine Gang macht so viel Dreck, dass sie der Schrecken eines jeden guten Decksjungen ist.

Während der Fahrt standen wir an der Verschanzung und sahen hinüber zu den kleinen Inseln und Landzungen, die vollkommen vom Urwald überwuchert sind. Nachts hörte man die seltsamsten Geräusche, vom feinen Piepen bis zum grässlichsten Heulen. Bald hatten wir den 80 Kilometer langen Kanal durchfahren. Wir kreuzten den Äquator und erreichten endlich Guayaquil, die größte Stadt Ecuadors.

Natürlich wurde auch eine Äquatortaufe durchgeführt! Unser 3. Steuermann hatte sich als Klabautermann verkleidet, der erst mal die drei noch zu taufenden Äquator-Jünglinge schön einseifte, und zwar mit einem Gemisch von Schmierseife, einem Schuss Lackfarbe, Seifenpulver und etwas Kartoffelmehl. Nachdem der Schaum mit einem vom Zimmermann gemachten ein Meter langen Rasiermesser aus Holz so halbwegs abgeschabt war, wurden die Haare geschnitten. Jeder der drei zu Taufenden bekam ein schönes Kreuz in sein Haar gesäbelt. Danach wurde ein Windsack an Bord ausgerollt, der eine Länge von 10 Metern hatte und gerade so weit war, dass man sich auf dem Bauch durchschlängeln konnte. Der Sack ist vorne und achtern offen. Gewöhnlich ist er dazu da, um frische Luft vom Deck in die Laderäume zu leiten. In solch einen Sack also mussten die Täuflinge kriechen. Von achtern bekamen sie mit einem Tauende Popoklatsch, damit sie schneller durch den Sack kamen, was gar nicht so leicht war, da von vorne ein Feuerwehrschlauch mit Salzwasser ihr Durchkommen erschwerte. In der Mitte des Sackes angekommen, wurde dann gefragt, wie viel Kisten Bier gestiftet würden. Je weniger der Täufling ausspucken wollte, desto größer wurde der Wasserstrahl und je doller die Tauhiebe. War man bei fünf Kisten angelangt, kam der Täufling wieder an die Luft. Ja, so eine Taufe ist schon eine schöne Tortur, doch macht sie Spaß. Abends wurden dann bei dem gestifteten Bier die Taufscheine vergeben. Je nachdem, wie der Täufling aussah, bekam er seinen Namen, von Aal zu Hering, Scholle, Backfisch, Krabbe oder Tintenfisch. Die Äquatortaufe macht den Seemann dann zum vollwertigen Fahrensmann auf großer Fahrt.

Mitten im Strom vor der Stadt Guayaquil sausten unsere drei Anker in den schlammigen Grund. An beiden Seiten der

Schiffsaußenhaut wurden die Ladeklappen aufgemacht, und die ersten Schuten mit der empfindlichen Fracht Bananen wurden gebracht. Auf dem Nacken schleppten Hunderte von Mischlingen die 30 Kilogramm wiegenden grünen Bananenstauden in die Ladewanne. An Deck standen Tallymänner, die mit einem Stückzähler jede Staude registrierten. Zur Bewachung und Aufrechterhaltung der Ordnung waren sechs Marineros an Bord. Sie hatten einen weißen Jolly auf dem Kopf und an der Seite ein Bajonett. Die Eingeborenen stahlen, was ihnen unter die Finger kam. So erwischten wir einen, der mit einem langen Eisendraht durch ein Bullauge etwas aus unserer Kammer angeln wollte. Ein Matrose schlich sich leise von innen an das Bullauge, schlug den Riegel über die Öse und drehte langsam zu. Der Dieb war nun mit dem Arm festgeklemmt und konnte nicht mehr heraus. Ein anderer Matrose brach ein Brett aus einer Kiste und versohlte dem Eingeborenen den Achtersteven. Ich wunderte mich damals, weshalb er so schrie, denn das Brett war leicht und konnte kaum so weh tun. Doch bald merkten wir, dass noch ein Nagel im Brett war. Jedenfalls würde dieser Gauner bei uns an Bord keine langen Finger mehr machen.

Auf dem Achterdeck hatten sich die Händler mit ihren Waren häuslich niedergelassen. Teppiche, Ponchos, Pfeil und Bogen, Blasrohre und anderes konnte man bei ihnen kaufen. Bezahlung: Zigaretten. Auch ein Friseur war gekommen, der uns mit seinem rostigen Besteck die Haare abnahm, besser gesagt: er riss sie heraus.

Bei gutem Wetter konnten wir die Rückreise antreten. Und genau 14 Tage später waren wir wieder in Hamburg, wo wir an der Fruchtpier die Bananen löschten. Die ganze Reise hatte eineinhalb Monate gedauert. – Für 2.500 Deutsche Mark konnten Passagiere diese Reise auf dem Schiff mitmachen.

Meine nächste Reise sollte mich in ein gewagtes Abenteuer führen. Doch lesen Sie selbst.

## 8. Kapitel
## Verhaftet in Havanna (Kuba)

---

An einem schönen, aber sehr heißen Tag liefen wir den Hafen von Santiago de Cuba an. Da ich Freiwache hatte, also nicht zu arbeiten brauchte, warf ich mich in meine weiße Sommeruniform, die ich nur bei besonders gutem Wetter anzog und ging an Land, um einige Bilder zu schießen. Ich sah eine Schulklasse, in der Mädchen der untersten Stufe von einer farbigen Lehrerin unterrichtet wurden. Mit Verwunderung sah ich, dass sie alle einheitlich gekleidet waren, mit weißen Blusen und blauen Röcken, dazu weiße Strümpfe und schwarze Schuhe. Na, dachte ich, das sind schon die ersten Reformen von Fidel Castro. Aber ich wusste nicht, dass ich schneller als gedacht in seinem weißen Hauptquartier in Havanna landen sollte.

Wir lagen mit dem M/S Württemberg in Havanna, als ich wieder mit meinem Fotoapparat auf Jagd ging. Ich hatte gerade ein armes Mädchen vor einem schicken amerikanischen Wagen fotografiert, als ich von einigen Milizsoldaten umzingelt wurde und ohne viel Federlesens mit einem Lastwagen zu Fidels weißem Hauptquartier gebracht wurde. Dort nahm man mir meine Kamera ab und steckte mich, da keine sprachliche Verständigung möglich war, in einen dreckigen Raum. Sechs Stunden schmorte ich dort, bis man mich vor einen Offizier brachte, der schon mal mit der deutschen Sprache in Berührung gekommen war. Man sah mich als überführten amerikanischen Agenten an. Was ich zu meiner Verteidigung vorbrachte, wurde nicht verstanden, wahrscheinlich absichtlich nicht.

Nun durfte ich eine wirksame Art der Inhaftierung kennenlernen, die Wasserzelle. Man stelle sich einen kleinen Raum vor, in dem von oben ein Wasserstrahl in die Zelle läuft, nicht sehr viel, aber genug, um mit einem in der Zelle liegenden Blechpott ununterbrochen Wasser in eine Abflussrinne schippen zu müssen, um nicht einen nassen Bauch zu bekommen.

Ich weiß heute nicht mehr, wie lange ich dort Wasser schöpfte, bis ich wieder durch eine in der Decke eingelassene Luke an die Luft kam. Ich wurde wieder zu dem gleichen Offizier geführt, der nun jedoch wesentlich freundlicher war. Sicher hatte man sich erkundigt, ob ich auf einem deutschen Schiff Dienst tat. Man gab mir ein großes Bild des geliebten Führers Fidel Castro, dazu noch eine Plakette mit der Aufschrift *Patria o Muerte*. - Auf der Straße hielt ich erst einmal die Luft an, denn in Kuba ging man zu dieser Zeit als Ausländer ziemlich leicht verschütt.

## 9. Kapitel

## Reise-Abenteuer in Polen

---

Nun hatte ich erst mal von der großen Fahrt die Nase voll und ging zum kleinen Heuerstall. So heißt die Vermittlungsstelle für die Küstenschifffahrt, die sich am Hamburger Fischmarkt befindet. Ich bekam dort ein 400 Tonnen großes Küstenschiff.

Wir waren sechs Mann Besatzung, alles junge Leute. Der Kapitän war 27 Jahre alt, der Rest der Besatzung 17 – 25 Jahre. Unsere Crew war ausgezeichnet, das zeigte sich schon bei unserer ersten Fahrt. Bei Windstärken zwischen 9 und 11 hingen wir mit zwei Mann am Ruder, um das Schiff immer in Wellenrichtung zu halten, denn wenn ein Brecher an Steuerbord oder Backbord geschlagen wäre, hätten wir wohl mit den Fischen Bekanntschaft machen müssen. Wir wollten Pröpse, das sind Grubenhölzer, aus Finnland holen. Vorher schipperten wir leer nach Danzig, um dort Kohlen für Dänemark zu laden. Im Danziger Hafen konnte man sich auf lange Lieferzeiten gefasst machen. Erst als unser Kapitän dem Hafenmeister einige Flaschen „Schluck" und Zigaretten gegeben hatte, wurden wir zur Ladepier beordert.

Natürlich gingen wir in Danzig an Land. Da in Polen Zloty-Währung gilt, die wir nur 1:7 tauschen konnten, schmuggelten wir deutsches Geld durch die Kontrollen. In den einschlägigen Kneipen bekam man dort für 50 Deutsche Mark 1.000 Zloty (dafür konnte man dort z. B. 500 Glas Bier trinken). Wir konnten dort leben wie die Made im Speck. Ein Durchschnittsarbeiter bekam damals im Monat 1.000 Zloty. Wir mussten uns nur einen Weg ausdenken, wie wir mit dem Geld durch die sehr scharfe Kontrolle kamen. Uns fiel auch etwas ein. Wir versteckten das Geld zwischen der Schutzhülle des Seefahrtsbuches und lagen damit genau richtig. Als wir in die Wachbaracke kamen, mussten wir die Seefahrtsbücher abgeben. Sie wurden mit der Passbildseite aufgeschlagen auf den Schreibtisch des Wachoffiziers gelegt. Dann wurden wir durchsucht. Dass wir kein Striptease zu machen brauchten, wundert mich noch heute. Die Wachmannschaft wusste genau, wie ausländische Seeleute ihr Landgangsgeld vermehrten. Doch bei unserer Leibesvisitation fanden sie nichts. Wir bekamen unsere Seefahrtsbücher zurück, und unser Landgang war finanziert.

Wir holten uns an Land eine ganz schöne Schlagseite. Mit solcher kam ich auch nach einem Landgang gegen Morgen wieder im Zollhaus an. Auf die Frage, ob ich noch Zlotys habe, die man gegen Gutscheine wieder abgeben musste, klatschte ich dem Zöllner 350 davon auf den Tisch. Er blätterte in seiner Liste, und da merkte ich erst, welche Dummheit ich gemacht hatte, denn das regulär eingetauschte Geld war eingetragen, und ich hatte keins eingetauscht. So kam ich einmal mehr in den Bau. Doch nach acht Stunden, mein Kapitän hatte mächtigen Wirbel gemacht und mit etwas „Matrosentot“ – Cognac die Flasche zu 1,70 Deutsche Mark – nachgeholfen, bekam ich einen Gutschein über 350 Zloty und konnte wieder abschieben.

Nachdem wir die Kohlen in Dänemark gelöscht hatten, fuhren wir weiter nach Finnland.

Schutzhülle des Seefahrtsbuches

## 10. Kapitel
## Eine Segelpartie

Mitten in den Schären vor Helsinki ankerten wir. Flößer kamen mit dem Holz, das wir mit eigenem Ladegeschirr an Bord hievten.

Es war wieder einmal Sonntag, und da arbeitet auch ein Seemann nicht, wenn er im Hafen oder auf Reede liegt. Da das Wetter wunderbar war, es war Mitte August 1961, ließen wir ein Rettungsboot zu Wasser, hissten das orangefarbene Segel und ließen uns von der leichten Brise durch die Schären treiben. Abwechselnd saßen wir an der Ruderpinne, die anderen sonnten sich. Unsere Fahrt ging vorbei an Inseln und Landzungen. Zwischendurch wurde gebadet. Es war ein herrlicher Tag. Gegen Abend legten wir bei einer Insel an, um das mitgenommene Abendbrot zu essen. Da ich an Bord der Koch war, hatte ich dafür zu sorgen. Schon bald brutzelten auf unserem mitgenommenen Camping-Grill etliche Bratwürste. Blutrot versank die Sonne im Meer. Die Kameraden saßen faul im Gras und hörten sich die Melodien an, die ein Matrose auf seiner Gitarre spielte. Mein Kapitän war der erste, der es vor

Kohldampf nicht mehr aushielt und sich schon ein halbgares Würstchen vom Rost angelte. Schnell holte ich eine Kiste mit Büchsenbier, und die Fete begann.

Plötzlich bekamen wir Gesellschaft. Die Insel wurde als Sommerresidenz von einem Industriellen aus Helsinki bewohnt. Unsere Besucher entpuppten sich als Inge und Knut Svendson und ihre Freundin Helga, die ihren Abendspaziergang machten. Jetzt wurde der Abend noch gemütlicher. Wir rückten zusammen, und unsere Besucher langten mit zu. Erst am anderen Morgen wurden wir mit dem Motorboot der Svendsons an Bord gebracht. Unser Segelboot hatten sie ins Schlepptau genommen. Die ganze Nacht hatten wir bei den Svendsons das Tanzbein geschwungen.

Als wir an Bord ankamen, warteten schon die Flößer. Wir machten die Luken auf, und die Arbeit konnte wieder beginnen. Nachdem die Laderäume voll waren, wurde auch das Deck bepackt. Bald waren wir so vollgepackt, dass man vom Ruderhaus kaum rübersehen konnte. Wenn wir zum Wachwechsel in unser Logis wollten, das vorne lag, mussten wir über die Deckslast klettern, was bei unruhiger See gar nicht so leicht war, denn das Holz war geschält und recht glitschig.

Wir löschten in Hoopte bei Winsen an der Luhe. Drei Holzreisen machte ich noch auf diesem Schiff, ehe ich abmusterte.

Flößerei in Finnland

Quelle: von Jean-Pierre Bazard Jpbazard (Eigenes Werk) [GFDL (http://www.gnu.org/copyleft/fdl.html) oder CC-BY-SA-3.0-2.5-2.0-1.0 (http://creativecommons.org/licenses/by-sa/3.0)], via Wikimedia Commons

## 11. Kapitel
## S/S Neptun – 80 Tonnen

---

Der Kapitän, ein alter, erfahrener Seemann, war ein ausgesprochener Brummbär. Sein normales Reden hörte sich an wie Schreien. Ich kenne ihn nur mit Stoppelbart. Er rauchte 100 Zigaretten pro Tag und trank schon morgens eine Flasche Köm. Schlaf brauchte er fast keinen.

40 Pötte Farbe habe ich verstrichen, um das Schiff wieder einigermaßen in Schuss zu bringen. Unsere Reisen spielten sich zwischen Apenrade (Dänemark) und Hamburg ab. Meist luden wir Kies und ab und zu auch Sojaschrot. Das Schiff hatte 80 Bruttoregistertonnen (BRT) und war mein kleinster Pott.

Meine Kammer bewohnte ich mit dem Decksjungen. Sie lag vorne im Steven, die Ankerkette ging mittendurch. Wenn sie hochgezogen wurde, war die Kammer ein Matschhaufen. Wir wuschen uns im Eimer an Deck, und die Toiletten waren butenbords zwischen den Pollern. Ja, das war Seefahrt wie vor 50 Jahren. Hartes Brot und Erbsensuppe mit Speck, vom Kapitän selbst gekocht. Es gab kein elektrisches Licht, sondern Petroleumlampen. Doch es machte Spaß. Kein Motorenlärm war zu hören, nur das Rauschen der Bugwellen und das Knirschen des Segelgeschirrs. Natürlich hatten wir auch einen Hilfsmotor. Doch der Ofen klapperte wie ein Moped ohne Auspuff.

Seit 40 Jahren fuhr der Kapitän schon als Eigner auf seinem Schiffchen. Es war seine Heimat und sein Zuhause. Er hatte keine Angehörigen mehr und war mit dem Kahn verwachsen. Er ist später mit seinem Schiff gestorben. Als er es zur Abwrackwerft fahren sollte, bekam er einen Herzinfarkt.

Westdeutsches Küstenmotorschiff im Hafen von Rostock

## 12. Kapitel
## Weihnachten 1961 an Bord

Wir lagen in Aarhus (Dänemark), hatten morgens schon gelöscht und lagen nun müde in den Kojen. Draußen schneite es, und der Sturm, der bis Windstärke 10 anschwoll, warf unser leichtes Schiff immer wieder gegen die Pier. Wenn wir auch Pfänder außenbords hatten, so gab es doch immer einen Schlag, der das ganze Schiff erschüttern ließ. An Schlaf war gar nicht zu denken. So lagen wir bis 18 Uhr in unserer Molle, als die Kab aufging und ein Däne in unsere gemeinsam bewohnte Kammer trat. Er stellte sich als Agent der Internationalen Seemannsmission vor und lud uns zu einer Weihnachtsfeier ein. Da es draußen immer noch schneite, wollte er uns mit seinem Wagen zur Seemannsmission fahren. Wir stiegen in unsere Anzüge und waren schon bald im Seemannsheim. Dort durften wir an einer langen Tafel Platz nehmen und mussten erst einmal ordentlich essen. Da die Dänen besonders gut belegte Brote (Smørrebrød) machen, ließen wir uns auch nicht nötigen. Dem Essen folgte ein langes Begrüßen. Außer uns Deutschen waren noch Spanier, Franzosen, Italiener, Marokkaner, Dänen, Japaner und Engländer anwesend.

Nach einer kleinen Fachsimpelei ging es dann zum zweiten Essen. Diesmal gab es für jeden eine Platte mit einem halben Huhn, etlichen Salatsorten, alles wunderbar auf Reis garniert, dazu Carlsberg Marke *Elephant*, eines der besten Biere der Welt. Nach dem Essen wurden die Kerzen angezündet. Eine Dame setzte sich an den Flügel und wir stimmten ein Weihnachtslied an, jede Nation in ihrer Landessprache. Dabei gingen wir nacheinander durch sämtliche Räume um den Weihnachtsbaum herum. Zwischen den Liedern wurde die Weihnachtsgeschichte in drei Sprachen verlesen. Dann kam auch ein richtiger Weihnachtsmann, der aus seinem Sack etliche Päckchen hervorzauberte, die von dänischen Mädchen für uns Seeleute zu Weihnachten zurechtgemacht worden waren. So manchem alten Fahrensmann standen die Tränen in den Augen, als er sein Päckchen öffnete und das in Weihnachtspapier eingeschlagene Geschenk mit den Weihnachtsgrüßen sah. Fern von zu Hause, war uns hier ganz so zumute, als weilten wir bei unseren Lieben. Der Abend klang mit Darbietungen der einzelnen Seeleute aus, die ihre Kunststücke, die sie in aller Welt gelernt hatten, vorführten. Unsere Verständigung war großartig, da die meisten dänisch sprechen konnten und der Rest sich auf Englisch verständigte. Allen hat diese Weihnachtsfeier gut gefallen, da man nicht nur aus rauen Kehlen zu singen brauchte, sondern auch an einer Flasche Bier nuckeln konnte und die Raucherlunge nicht zu schonen brauchte. Solch ein Zusammentreffen vieler Nationen ist immer sehr interessant, da jeder dem Kameraden die Besonderheiten seiner Heimat und der von ihm besuchten Länder schildert.

Leider mussten wir auch Neujahr in Aarhus verbringen, so dass wir erst Mitte Januar wieder in Hamburg landeten. Nach einem ausgiebigen Heimaturlaub stieg ich auf das M/S Margaretha um.

Carlsberg Marke „Elephant“

Quelle: von Kungfuman (Own work) [GFDL (http://www.gnu.org/copyleft/fdl.html) or CC-BY-SA-3.0 (http://creativecommons.org/licenses/by-sa/3.0/)], via Wikimedia Commons

## 13. Kapitel

## Zelten in Schweden

---

Wir waren mit dem Kapitän nur vier Mann an Bord, und doch waren wir ein Team, auf das etliche Küstenschiff-Kapitäne neidisch waren. Wir arbeiteten und „gurgelten“ zusammen.

Meine schönste Reise begann in Göteborg, von wo wir bei herrlichstem Wetter durch den Vänersee nach Mariestad fuhren. Dort hatten wir Schnittholz zu laden, was etwa sechs Tage Liegezeit bedeutete. Bei einer Stadtbesichtigung lernten wir einige Deutsche kennen, die am Vänersee bei Mariestad zelteten. Auf einem sehr gut gelegenen Campingplatz vor den Toren der Stadt zelteten sie ganz allein mit elf weiteren Deutschen zusammen. Nachdem wir mit unserem Kapitän gesprochen hatten, bekamen wir vier Tage Landurlaub. Schon schlugen auch wir unsere Zelte, die wir in aller Eile aus einer Persenning gefertigt hatten, auf dem Campingplatz auf. Da wir an Bord mit alkoholischem Proviant immer gut bestückt waren und auch dem Zoll immer einiges vorenthalten konnten, wurde es ein sehr feuchtes Zelten.

Abends, beim Lagerfeuer, kamen die jungen Mädchen der Stadt, um mit uns nach Plattenmusik zu tanzen. Kein schwedischer

Junge ließ sich sehen. Aber wir mussten uns beim Einkaufen in der Stadt vorsehen, da sie über unseren Erfolg bei ihren Mädchen verständlicherweise wenig erfreut waren. Nur einmal, wir lagen gerade faul am Strand, kamen acht *Rackarnas*, wie die Burschen in Schweden genannt werden und wollten unsere Zelte auseinanderbauen. Doch wir hörten ihre knatternden Donnerstühle schon vor ihrer Ankunft und konnten ihnen nach alter Seemannsart eine gepflegte Abfuhr erteilen. Nach dem Frühsport konnten wir drei Fahrradketten und zwei Schlagringe sicherstellen. Die Boys ließen sich nicht mehr wiedersehen. Nur die hohe Polizei machte uns einen Besuch, und die haben wir von unserer Unschuld überzeugen können.

Vier Tage konnten wir faulenzen, baden und auf dem nahegelegenen Golfplatz spielen. Doch dann hieß es, Abschied nehmen, was ein Seemann so mit der Zeit lernt.

Quer durch Holland brachten wir das Holz auf Kanälen und Flüssen – durch 32 Schleusen – bis an die belgische Grenze, wo wir es selbst, da keine Arbeiter zu haben waren, entladen durften. Kanalfahrt mit einem Seeschiff ist wohl das Schwierigste, was man sich denken kann.

Drei solcher Holzfahrten machte ich noch mit, ehe das Schiff in die Werft musste und ich abmusterte.

## 14. Kapitel

## Mein letztes Schiff

Ein eisiger Wind pfiff über Hamburgs Hafen, als ich bei meinem neuen Schiff ankam. Das 400 Tonnen große Motorschiff *Käthe Hinz* fuhr mit sechs Mann Besatzung. Der Kapitän des Schiffes war angestellt, da der Eigner sein anderes Schiff als Kapitän führte. Unsere Ladung bestand zumeist aus Bier, Büchsenfleisch, Fellen, Likören, Getreide, Kali, Holz und anderem mehr. Die Fahrten führten uns nach Holland, Dänemark und Schweden. In den ersten drei Monaten fuhr uns der Kapitän viermal auf eine Sandbank. Da der Kasten danach immer in eine Werft musste, hatten wir an sich ein recht ruhiges Leben. Doch der Eigner verkaufte das Schiff, und die Besatzung musterte ab. Nur ich blieb an Bord. Der neue Eigentümer machte mich zum Bestmann, da ich das Schiff und die Maschine gut kannte. Der Bestmann hat auf den kleineren Schiffen die Aufgaben wie der Bootsmann auf einem Überseeschiff.

Ich besorgte eine neue Mannschaft. Da aber kein Kochsmaat zu bekommen war, stellte ich meine Kochkenntnisse zur Verfügung, die ich auf meinen früheren Schiffen gesammelt hatte. Natürlich gab es auch Labskaus, das traditionelle Seemannsessen.

Die erste Reise mit der neuen Besatzung führte uns nach Fredericia (Dänemark), wo wir Stückgut zu löschen hatten. Die alte Festungsstadt Fredericia ist eine eigenartige Stadt, nicht nur wegen der geraden Straßen, die genau von Nord nach Süd und von Ost nach West laufen, sie ist auch von alters her die stolze Stadt der Religionsfreiheit, wo in dem sonst rein lutherischen Land alle Konfessionen Glaubensfreiheit genossen. Aber auch Dänemarks nationale Geschichte hat diese Stadt geprägt. Die großen Wallgräben, die um die ganze innere Stadt herumführen, stammen aus dem Jahre 1649 und wirken noch heute imponierend in ihrer vielfachen Staffelung. Diese kilometerlangen Anlagen stehen unter Denkmalschutz und laden zu idyllischen Spaziergängen ein, dort, wo in früheren Jahrhunderten dänische Soldaten gegen Schweden, Deutsche und Österreicher gekämpft haben.

Fredericia liegt auf einer Landzunge, die von drei Seiten von den Wellen des Kleinen Belt umspült wird. Kein Wunder, dass dort ein prächtiger Badestrand vorhanden ist, der sich um die ganze Stadt herumzieht.

Sechs Kilometer südlich von Fredericia liegt die imponierende Brücke über den Kleinen Belt, die vor 25 Jahren in deutsch-dänischer Gemeinschaftsarbeit gebaut worden ist. Auf der Brücke befindet sich ein Restaurant, von dem man einen großartigen Blick über die Landschaft und den Kleinen Belt hat. Von eigenartiger Schönheit ist auch der alte Herrensitz Hindsgaard mit seinem schönen Park, auf der anderen Seite der Brücke auf der Insel Fünen gelegen. Dort hält jeden Sommer die Vereinigung Norden ihre Tagungen mit vielen Gästen aus allen Ländern Skandinaviens ab.

Von Fredericia ging die Fahrt weiter nach Trelleborg, wo wir auch löschten. Dann ging die Fahrt weiter nach Kopenhagen. In Kopenhagen luden wir Bier. Es gab so viel Freibier, dass wir über Nacht im Hafen bleiben mussten, um die Sicherheit des Schiffes nichts aufs Spiel zu setzen. Die Bierladung wurde im Hamburger Hafen auf Überseedampfer verladen und trat seine Reise in alle Welt an.

Eine Reise führte uns nach Wismar (Deutsche Demokratische Republik), wo wir Kali zu laden hatten. Wir gingen an Land. Vorher tauschten wir Deutsche Mark 1:1, mussten hinterher aber über jede ausgegebene Mark Rechenschaft ablegen. Auf der Rückfahrt nach Kiel wurden wir etliche Meilen von Patrouillenbooten der DDR begleitet.

Meine letzte Reise ging nach Kolberg in Polen. Bei einem Verholmanöver beschädigten wir unser Ruderblatt. Es wurde in einer dortigen Werft repariert. Doch hatte man beim Wiedereinsetzen des Ruderblattes vergessen, die Sicherungskette zu befestigen. Da das Schiff schon wieder im Wasser lag und die Kette viereinhalb Meter unter der Wasseroberfläche festgeschäkelt werden musste, tauchte ich, um die Kette zu befestigen. Aber der Wasserdruck in der Tiefe beschädigte mein Trommelfell. So bekam ich bei der nächsten ärztlichen Untersuchung keinen Gesundheitsausweis mehr. Damit war aber meine weitere Deckslaufbahn in Frage gestellt. Es kam nur noch die Bedienungs- und Kochlaufbahn für mich in Betracht. Aber wer einmal vor dem Mast gearbeitet hat, wird nie zu den Pfannenschwenkern überlaufen oder gar ein *Bilgenkrebs* werden.

So beendete ich die Seefahrt mit einem letzten Blick über den Hamburger Hafen und seine Schiffe, die einmal meine zweite Heimat waren.

Friedhelm Benzin
Oktober 1967

www.ingramcontent.com/pod-product-compliance
Ingram Content Group UK Ltd.
Pitfield, Milton Keynes, MK11 3LW, UK
UKHW020233250726
13967UKWH00001B/333

9 781291 784183